Impressum
Verlag: BABADADA GmbH, Nedderfeld 112 , 22529 Hamburg
Geschäftsführer / Verlagsleitung: Harald Hof
Druck: Books on Demand GmbH, In de Tarpen 42, 22848 Norderstedt

Imprint
Publisher: BABADADA GmbH, Nedderfeld 112 , 22529 Hamburg, Germany
Managing Director / Publishing direction: Harald Hof
Print: Books on Demand GmbH, In de Tarpen 42, 22848 Norderstedt

除 / böl

186/2

黑板 / tahta

教室 / sınıf

校园 / okul bahçesi

老师 / öğretmen

纸 / kağıt

书写 / yazmak

钢笔 / kalem

办公桌 / masa

直尺 / cetvel

书 / kitap

学生 / öğrenci

书包

okul çantası

铅笔盒

kalemlik

铅笔

kurşun kalem

卷笔刀

kalem açacağı

橡皮擦

silgi

画板

çizim defteri

图画
çizim

画笔
resim fırçası

颜料盒
boya kutusu

剪刀
makas

胶水
tutkal

练习册
alıştırma kitabı

家庭作业
ödev

数字
sayı

加
ekle

减
çıkar

乘
çarp

计算
hesapla

字母
harf

字母表
alfabe

字
kelime

课文

metin

读

okumak

粉笔

tebeşir

上课

ders

登记

kayıt

考试

sınav

证书

sertifika

校服

okul forması

教育

eğitim

百科全书

ansiklopedi

大学

üniversite

显微镜

mikroskop

地图

harita

废纸筐

kağıt çöp kutusu

酒店
otel

青年旅社
pansiyon

外币兑换处
döviz bürosu

手提箱
bavul

汽车
otomobil

语言

dil

是/否

evet / hayır

好的

Tamam

您好

merhaba

翻译员

çevirmen

谢谢

Teşekkür ederim

……多少钱？

bu … ne kadar?

我不明白

anlamadım

问题

problem

晚上好！

İyi akşamlar!

早上好！

Günaydın!

晚安！

İyi geceler!

再见

güle güle

方向

yön

行李

bagaj

包

çanta

双肩包

sırt çantası

客人

misafir

房间

oda

睡袋

uyku tulumu

帐篷

çadır

旅游信息
turist danışma

海滩
sahil

信用卡
kredi kartı

早餐
kahvaltı

午餐
öğle yemeği

晚餐
akşam yemeği

票
Bilet

电梯
asansör

邮票
pul

边界
sınır

海关
gümrük

大使馆
elçilik

签证
vize

护照
pasaport

飞机
uçak

船
gemi

消防车
yangın söndürme pompası

卡车
kamyon

公交车
otobüs

汽艇
motorlu tekne

自行车
bisiklet

汽车
otomobil

摆渡船

feribot

小船

bot

摩托车

motosiklet

警车

polis arabası

赛车

yarış arabası

租车

kiralık araba

拼车

ortak araba

拖车

çekici

垃圾车

çöp kamyonu

发动机

motor

汽油

yakıt

加油站

benzinlik

交通标志

trafik işareti

交通

trafik

交通堵塞

trafik sıkışıklığı

停车场

otopark

火车站

tren istasyonu

轨道

ray

火车

tren

电车

tramvay

货车

vagon

交通运输 - ulaşım

9

直升机
helikopter

机场
havaalanı

塔
kule

乘客
yolcu

集装箱
konteyner

纸板箱
koli

手推车
yük arabası

篮子
sepet

起飞/降落
kalkış / iniş

城市

şehir

村庄
köy

市中心
şehir merkezi

房子
ev

电影院
sinema

广告
reklam

路灯
sokak lambası

街道
sokak

出租车
taksi

小吃店
büfe

行人
yaya yolu

人行道
kaldırım

斑马线
yaya geçidi

垃圾箱
çöp kutusu

十字路口
kavşak

红绿灯
trafik ışığı

小屋

kulübe

公寓

apartman dairesi

火车站

tren istasyonu

市政厅

belediye binası

博物馆

müze

学校

okul

大学

üniversite

银行

banka

医院

hastane

酒店

otel

药房

eczane

办公室

ofis

书店

kitapçı

商店

mağaza

花店

çiçekçi

超市

süpermarket

市场

market

百货商店

büyük mağaza

鱼店

balık satıcısı

购物中心

alışveriş merkezi

海港

liman

公园

park

长凳

bank

桥

köprü

楼梯

merdiven

地铁

metro

隧道

tünel

公交车站

otobüs durağı

酒吧

bar

餐馆

restoran

邮筒

posta kutusu

路标

sokak tabelası

停车计时器

otopark sayacı

动物园

hayvanat bahçesi

游泳馆

yüzme havuzu

清真寺

cami

农场

çiftlik

污染

kirlilik

基地

mezarlık

教堂

kilise

操场

oyun alanı

寺庙

tapınak

地形

arazi

树叶
yaprak

指示牌
yön tabelası

路
yol

草地
çayır

石头
taş

树
ağaç

徒步旅行者
yürüyüşçü

河
ırmak

草
çimen

花
çiçek

峡谷
vadi

山
tepe

湖
göl

森林
orman

沙漠
çöl

火山
volkan

城堡
kale

彩虹
gökkuşağı

蘑菇
mantar

棕榈树
palmiye

蚊子
sivrisinek

苍蝇
sinek

蚂蚁
karınca

蜜蜂
arı

蜘蛛
örümcek

甲虫

böcek

青蛙

kurbağa

松鼠

sincap

刺猬

kirpi

野兔

yabani tavşan

猫头鹰

baykuş

鸟

kuş

天鹅

kuğu

野猪

yaban domuzu

鹿

geyik

麋鹿

geyik

水坝

baraj

风力发电机

rüzgar türbini

太阳能电池板

güneş paneli

气候

iklim

服务员
garson

菜单
menü

椅子
sandalye

汤
çorba

披萨饼
pizza

餐具
çatal - bıçak

桌布
masa örtüsü

前菜
başlangıç

主菜
ana yemek

甜点
tatlı

饮料
içecekler

食物
yemek

瓶子
şişe

快餐
fastfood

街边小吃
sokak yemeği

茶壶
çaydanlık

糖盒
şekerlik

一份饭菜
porsiyon

意式咖啡机
espresso makinesi

高脚椅
mama sandalyesi

账单
fatura

托盘
tepsi

刀
bıçak

餐叉
çatal

勺子
kaşık

茶匙
çay kaşığı

餐巾
servis peçetesi

玻璃杯
bardak

碟子

tabak

汤盘

çorba kasesi

碟子

fincan altlığı

酱

sos

盐瓶

tuzluk

胡椒磨

karabiber değirmeni

醋

sirke

食用油

yağ

调味料

baharat

番茄酱

ketçap

芥末

hardal

蛋黄酱

mayonez

超市
süpermarket

特价
özel teklif

顾客
müşteri

乳制品
süt ürünleri

购物车
alışveriş arabası

水果
meyve

肉铺
kasap

面包房
fırın

称重
tartmak

蔬菜
sebze

肉
et

冷冻食品
donmuş gıda

冷盘
söğüş et

罐头食品
konserve yiyecek

洗衣粉
toz deterjan

甜食
şekerlemeler

日用品
ev temizlik ürünleri

清洁用品
temizlik ürünleri

销售员
satış görevlisi

收银机
yazar kasa

收银员
kasiyer

购物清单
alışveriş listesi

开放时间
açılış saatleri

钱包
cüzdan

信用卡
kredi kartı

袋子
çanta

塑料袋
plastik poşet

水

su

果汁

meyve suyu

牛奶

süt

可乐

kola

红酒

şarap

啤酒

bira

酒

alkol

可可

kakao

茶

çay

咖啡

kahve

意式浓缩咖啡

espresso

卡布奇诺

kapuçino

香蕉

muz

苹果

elma

橙子

portakal

西瓜

kavun

柠檬

limon

胡萝卜

havuç

大蒜

sarımsak

竹子

bambu

洋葱

soğan

蘑菇

mantar

坚果

çerez

面条

makarna

意大利面条

spagetti

米饭

pirinç

沙拉

salata

薯条

cips

炸土豆

patates kızartması

披萨饼

pizza

汉堡包

hamburger

三明治

sandviç

炸猪排

şinitzel

火腿

pastırma

萨拉米

salam

香肠

sosis

鸡肉

tavuk

烤肉

rosto

鱼

balık

燕麦片

yulaf ezmesi

穆兹利

müsli

玉米片

mısır gevreği

面粉

un

羊角面包

kruvasan

面包卷

küçük ekmek

面包

ekmek

烤面包

tost

饼干

bisküvi

黄油

tereyağı

凝乳

kaymak

蛋糕

kek

蛋

yumurta

煎蛋

sahanda yumurta

奶酪

peynir

食物 - yemek

冰激凌

dondurma

糖

şeker

蜂蜜

bal

果酱

reçel

巧克力酱

fındık ezmesi

咖喱饭

köri

农舍
çiftlik evi

稻草捆
sap toplama makinesi

粮仓
tahıl ambarı

田野
tarla

马
at

拖车
römork

马驹
tay

拖拉机
traktör

驴
eşek

羊
koyun

羔羊
kuzu

山羊

keçi

奶牛

inek

牛犊

buzağı

猪

domuz

小猪

domuz yavrusu

公牛

boğa

鹅

kaz

鸭

ördek

小鸡

civciv

母鸡

tavuk

公鸡

horoz

鼠

sıçan

猫

kedi

老鼠

fare

牛

öküz

狗

köpek

狗屋

köpek kulübesi

花园浇水软管

bahçe hortumu

洒水壶

sulama kabı

长柄大镰刀

tırpan

犁

pulluk

镰刀

orak

锄头

çapa

长柄草耙

dirgen

斧头

balta

独轮手推车

el arabası

饲料槽

yemlik

牛奶罐

süt kovası

麻布袋

çuval

栅栏

çit

马厩

ahır

温室

sera

土壤

toprak

种子

tohum

肥料

gübre

联合收割机

biçerdöver

收割

hasat etmek

收割

harman

山药

tatlı patates

小麦

buğday

大豆

soya

土豆

patates

玉米

mısır

油菜籽

kolza

果树

meyve ağacı

树薯

manyok

谷物

hububat

烟囱
baca

屋顶
çatı

落水管
yağmur oluğu

窗户
pencere

车库
garaj

门铃
kapı zili

门
kapı

垃圾桶
çöp kutusu

信箱
posta kutusu

花园
bahçe

客厅
oturma odası

浴室
banyo

厨房
mutfak

卧室
yatak odası

儿童房
çocuk odası

餐厅
yemek odası

地板
zemin

墙壁
duvar

吊顶
tavan

地窖
kiler

桑拿
sauna

阳台
balkon

露台
teras

游泳池
havuz

割草机
çim biçme makinesi

被单
çarşaf

床罩
yatak örtüsü

床
yatak

扫帚
süpürge

水桶
kova

开关
anahtar

壁纸
duvar kağıdı

照片
resim

台灯
lamba

搁架
raf

橱柜
dolap

电视机
televizyon

壁炉
şömine

花
çiçek

垫子
minder

沙发
kanepe

花瓶
vazo

遥控器
uzaktan kumanda

地毯
halı

窗帘
perde

餐桌
masa

椅子
sandalye

摇椅
salıncaklı koltuk

扶手椅
koltuk

书

kitap

毯子

battaniye

装饰品

dekor

木柴

odun

电影

film

高保真音响

hi-fi

钥匙

anahtar

报纸

gazete

油画

tablo

海报

poster

收音机

radyo

笔记本

defter

吸尘器

elektrikli süpürge

仙人掌

kaktüs

蜡烛

mum

冰箱
buzdolabı

微波炉
mikrodalga fırın

厨房秤
mutfak tartısı

洗洁精
deterjan

烤面包机
tost makinesi

烤箱
fırın

冰柜
buzluk

垃圾桶
çöp kutusu

洗碗机
bulaşık makinesi

炊具

ocak

锅

tencere

铸铁锅

döküm tencere

炒锅

wok

平底锅

tava

水壶

su ısıtıcı

蒸锅

buharlı pişirici

烤盘

pişirme tepsisi

陶瓷锅

tabak takımı

马克杯

kupa

碗

kase

筷子

çubuk (çin yemeği)

长柄勺

kepçe

铲子

spatula

搅拌器

çırpma teli

滤网

süzgeç

筛子

elek

磨碎机

rende

研钵

havan

烧烤

barbekü

明火

açık ateş

菜板

kesme tahtası

擀面杖

merdane

开瓶器

tirbüşon

罐子

konserve kutusu

开罐器

konserve açacağı

隔热手套

fırın eldiveni

水槽

evye

刷子

fırça

海绵

sünger

搅拌机

blender

冷藏箱

derin dondurucu

奶瓶

biberon

水龙头

musluk

供暖设备
ısıtma

淋浴
duş

毛巾
havlu

浴帘
duş perdesi

泡沫浴
köpük banyosu

浴缸
küvet

玻璃杯
bardak

洗衣机
çamaşır makinesi

瓷砖
fayans

水龙头
musluk

便壶
lazımlık

水槽
evye

厕所
tuvalet

蹲便器
alaturka tuvalet

坐浴器
bide

小便池
pisuvar

厕纸
tuvalet kağıdı

马桶刷
tuvalet fırçası

牙刷

diş fırçası

牙膏

diş macunu

牙线

diş ipi

洗

yıkamak

手持式喷淋头

duş başlığı

冲洗器

duş başlığı şeklinde taharet musluğu

洗脸盆

küvet

擦背刷

banyo fırçası

肥皂

sabun

沐浴露

duş jeli

洗发水

şampuan

法兰绒

banyo lifi

排水

gider

乳霜

krem

除臭剂

deodorant

镜子

ayna

手镜

el aynası

剃须刀

jilet

剃须泡沫

tıraş köpüğü

须后水

tıraş losyonu

梳子

tarak

刷子

fırça

吹风机

saç kurutma makinesi

喷发定型剂

saç spreyi

化妆品

makyaj

唇膏

ruj

指甲油

tırnak cilası

化妆棉

pamuk

指甲剪

tırnak makası

香水

parfüm

洗漱包

makyaj çantası

凳子

tabure

计重秤

tartı

浴袍

bornoz

橡胶手套

lastik eldiven

卫生棉条

tampon

卫生巾

kadın pedi

化学厕所

kimyevi tuvalet

闹钟
çalar saat

毛绒玩具
peluş oyuncak

玩具车
oyuncak araba

拨浪鼓
çıngırak

玩具屋
bebek evi

礼物
hediye

气球

balon

床

yatak

（洋娃娃用）婴儿车

bebek arabası

扑克牌

kart destesi

拼图

yapboz

漫画

çizgi roman

乐高积木

lego tuğlaları

积木玩具

lego blokları

玩具人

aksiyon figürü

婴儿服

zıbın

飞盘

frizbi

床铃玩具

dönence

棋盘游戏

masa oyunu

骰子

zar

火车模型

model tren seti

安抚奶嘴

emzik

聚会

parti

绘本

resimli kitap

球

top

洋娃娃

oyuncak bebek

玩

oynamak

沙坑

kum havuzu

秋千

salıncak

玩具

oyuncaklar

游戏机

video oyun konsolu

三轮车

üç tekerlekli bisiklet

泰迪熊

oyuncak ayı

衣柜

gardırop

衣服
kıyafet

袜子

çorap

长袜

külotlu çorap

紧身裤

tayt

围巾
eşarp

雨伞
şemsiye

T恤
tişört

皮带
kemer

靴子
bot

拖鞋
terlik

运动鞋
spor ayakkabı

凉鞋
sandalet

鞋
ayakkabı

雨靴
lastik çizme

内裤
külot

胸罩
sütyen

背心
yelek

衣服 - kıyafet

45

身体

dar bluz

裤子

pantolon

牛仔裤

kot pantolon

短裙

etek

女式衬衫

bluz

衬衫

gömlek

套头衫

kazak

卫衣

süveter

西装夹克

blazer

夹克

ceket

外套

mont

雨衣

yağmurluk

套装

kostüm

连衣裙

elbise

婚纱

gelinlik

西装

takım elbise

睡袍

gecelik

睡衣

pijama

莎丽

sari

头巾

baş örtüsü

包头巾

türban

波卡

burka

卡夫坦

kaftan

(阿拉伯式)长袍长袍

çarşaf

泳衣

mayo

男式泳裤

erkek mayosu

短裤

şort

运动服

eşofman

围裙

önlük

手套

eldiven

纽扣
düğme

眼镜
gözlük

手链
bilezik

项链
kolye

戒指
yüzük

耳环
küpe

便帽
kep

衣架
portmanto

帽子
şapka

领带
kravat

拉链
fermuar

头盔
kask

背带
pantolon askısı

校服
okul forması

制服
üniforma

围兜
mama önlüğü

安抚奶嘴
emzik

尿不湿
bebek bezi

办公室
ofis

服务器
sunucu

文件柜
dosya dolabı

打印机
yazıcı

纸
kağıt

显示屏
monitör

办公桌
masa

鼠标
fare

文件夹
klasör

键盘
klavye

废纸筐
kağıt çöp kutusu

电脑
bilgisayar

椅子
sandalye

咖啡杯
kahve fincanı

计算器
hesap makinesi

因特网
internet

笔记本电脑
dizüstü

信件
mektup

消息
mesaj

手机
cep telefonu

网络
ağ

复印机
fotokopi makinesi

软件
yazılım

电话
telefon

插座
priz

传真机
faks makinesi

表格
form

文件
belge

买

satın almak

付钱

ödemek

交易

ticaret yapmak

现金

para

美元

dolar

欧元

avro

日元

yen

卢布

ruble

瑞士法郎

İsviçre frangı

人民币

Çin yuanı

卢比

rupi

提款处

kasa

外币兑换处

döviz bürosu

金

altın

银

gümüş

石油

petrol

能源

enerji

价格

fiyat

合同

kontrat

税金

vergi

股票

menkul değer

工作

çalışmak

职员

işveren

老板

işçi

工厂

fabrika

商店

mağaza

警官
polis memuru

消防员
itfaiyeci

厨师
aşçı

医生
doktor

飞行员
pilot

园丁

bahçıvan

木匠

marangoz

裁缝

terzi

法官

hakim

化学家

kimyager

演员

aktör

公交车司机

otobüs şoförü

出租车司机

taksi şoförü

渔夫

balıkçı

清洁女工

temizlikçi

屋顶工

çatı ustası

服务员

garson

猎人

avcı

画家

boyacı

面包师

fırıncı

电工

elektrikçi

建筑工人

inşaatçı

工程师

mühendis

屠夫

kasap

水管工

muslukçu

邮递员

postacı

士兵

asker

建筑师

mimar

收银员

kasiyer

花农

çiçekçi

理发师

kuaför

售票员

kondüktör

机械师

tamirci

船长

kaptan

牙医

dişçi

科学家

bilim insanı

拉比

haham

伊玛目

imam

和尚

keşiş

牧师

rahip

铁锤
çekiç

螺丝刀
tornavida

钳子
penseler

扳手
İngiliz anahtarı

手电筒
el feneri

挖掘机

kazı makinesi

工具箱

alet çantası

梯子

merdiven

锯子

testere

钉子

çiviler

钻机

matkap

修
tamir etmek

铲子
kürek

靠！
Kahretsin!

簸箕
faraş

油漆桶
boya tenekesi

螺丝
vidalar

乐器
müzik enstrümanı

扬声器
hoparlör

打击乐器
bateri seti

低音提琴
kontrbas

小号
trompet

吉他
gitar

钢琴

piyano

小提琴

keman

贝斯

basgitar

定音鼓

timpani

鼓

bateri

电子琴

klavye

萨克斯管

saksafon

长笛

flüt

麦克风

mikrofon

入口
giriş

老虎
kaplan

笼子
kafes

斑马
zebra

动物饲料
hayvan yemi

熊猫
panda

动物
hayvanlar

大象
fil

袋鼠
kanguru

犀牛
gergedan

大猩猩
goril

熊
ayı

骆驼

deve

鸵鸟

deve kuşu

狮子

aslan

猴子

maymun

火烈鸟

flamingo

鹦鹉

papağan

北极熊

kutup ayısı

企鹅

penguen

鲨鱼

köpek balığı

孔雀

tavus kuşu

蛇

yılan

鳄鱼

timsah

动物园管理员

hayvanat bahçesi görevlisi

海豹

fok

美洲豹

jaguar

矮种马

midilli atı

豹

leopar

河马

su aygırı

长颈鹿

zürafa

老鹰

kartal

野猪

yaban domuzu

鱼

balık

龟

kaplumbağa

海象

mors

狐狸

tilki

羚羊

ceylan

橄榄球
amerikan futbolu

骑自行车
bisiklete binme

网球
tenis

篮球
basketbol

游泳
yüzme

拳击
boks

冰球
buz hokeyi

英式足球
futbol

羽毛球
badminton

田径
atletizm

手球
hentbol

滑雪
kayak

马球
polo

跳
atlamak

拥抱
sarılmak

笑
gülmek

走路
yürümek

唱
söylemek

做梦
hayal etmek

祈祷
dua etmek

亲吻
öpmek

书写
yazmak

画
çizmek

展示
göstermek

推
itmek

给
vermek

拿
almak

有
sahip olmak

做
yapmak

当
olmak

站
ayakta durmak

跑
koşmak

拉
çekmek

扔
atmak

摔倒
düşmek

躺
yalan söylemek

等待
beklemek

携带
taşımak

坐
oturmak

穿衣
giyinmek

睡觉
uyumak

醒来
uyanmak

看
bakmak

哭
ağlamak

抚摸
vurmak

梳头
taramak

交谈
konuşmak

明白
anlamak

问
sormak

听
dinlemek

喝
içmek

吃
yemek

清理
düzenlemek

爱
sevmek

做饭
pişirmek

开车
sürmek

飞
uçmak

航行

denize açılmak

计算

hesapla

读

okumak

学习

öğrenmek

工作

çalışmak

结婚

evlenmek

缝

dikmek

刷牙

diş fırçalamak

杀

öldürmek

抽烟

sigara içmek

寄

yollamak

祖母
büyükanne

祖父
büyükbaba

父亲
baba

母亲
anne

婴童
bebek

女儿
kız

儿子
oğul

客人

misafir

阿姨

teyze

叔叔

amca

兄弟

erkek kardeş

姐妹

kız kardeş

前额
alın

眼睛
göz

肩膀
omuz

手指
parmak

脸
yüz

下巴
çene

手
el

乳房
göğüs

腿
bacak

手臂
kol

婴童

bebek

男人

adam

女人

kadın

女孩

kız

男孩

erkek çocuk

头

baş

背部

sırt

肚子

karın

肚脐

göbek

脚趾

ayak parmağı

脚后跟

topuk

骨头

kemik

臀部

kalça

膝盖

diz

手肘

dirsek

鼻子

burun

屁股

kalça

皮肤

deri

脸颊

yanak

耳朵

kulak

嘴唇

dudak

身体 - vücut

嘴

ağız

牙齿

diş

舌头

dil

脑

beyin

心脏

kalp

肌肉

kas

肺

akciğer

肝脏

karaciğer

胃

mide

肾脏

böbrekler

性交

seks

避孕套

prezervatif

卵子

yumurtalık

精子

sperm

怀孕

hamilelik

月经

regl

阴道

vajina

阴茎

penis

眉毛

kaş

头发

saç

脖子

boyun

医院
hastane

救护车
ambulans

轮椅
tekerlekli sandalye

骨折
kırık

医生

doktor

急诊室

acil servis

护士

hemşire

紧急情况

acil

昏迷

baygın

痛

acı

受伤

yaralanma

出血

kanama

心脏病发作

kalp krizi

中风

felç

过敏

alerji

咳嗽

öksürük

发烧

ateş

流感

grip

腹泻

ishal

头痛

baş ağrısı

癌症

kanser

糖尿病

şeker hastalığı

外科医生

cerrah

手术刀

neşter

手术

operasyon

CT

bilgisayarlı tomografi

X光

röntgen

超声波

ultrason

口罩

yüz maskesi

疾病

hastalık

候诊室

bekleme odası

拐杖

koltuk değneği

石膏

yara bandı

绷带

bandaj

注射

enjeksiyon

听诊器

steteskop

担架

sedye

体温计

tıbbi termometre

出生

doğum

超重

fazla kilo

助听器

işitme cihazı

消毒液

dezenfektan

感染

enfeksiyon

病毒

virüs

艾滋病

HIV / AIDS

药物

ilaç

接种疫苗

aşı

药片

tablet

药丸

hap

急救电话

acil çağrı

血压计

tansiyon aleti

生病/健康

hasta / sağlıklı

救命！
İmdat!

警报
alarm

突击
darp

攻击
saldırı

危险
tehlike

紧急出口
acil çıkış

着火啦！
Yangın!

灭火器
yangın tüpü

意外
kaza

急救箱
ilk yardım çantası

呼救信号
imdat

警察
polis

欧洲

Avrupa

北美洲

Kuzey Amerika

南美洲

Güney amerika

非洲

Afrika

亚洲

Asya

澳洲

Avustralya

大西洋

Atlantik

太平洋

Pasifik

印度洋

Hint Okyanusu

南冰洋

Antarktika Okyanusu

北冰洋

Arktik Okyanusu

北极

Kuzey Kutbu

南极
Güney Kutbu

南极洲
Antarktika

地球
dünya

陆地
kara

海
deniz

岛
ada

国家
ulus

国家
ülke

钟面

kadran

时针

akrep

分针

yelkovan

秒针

saniye ibresi

现在几点？

Saat kaç?

天

gün

时间

zaman

现在

şimdi

电子表

dijital saat

分

dakika

时

saat

周一 Pazartesi
周三 Çarşamba
周五 Cuma
周二 Salı
周六 Cumartesi
周四 Perşembe
周日 Pazar

昨天

dün

今天

bugün

明天

yarın

早晨

sabah

中午

öğle

晚上

akşam

工作日

iş günleri

周末

hafta sonu

雨
yağmur

彩虹
gökkuşağı

雪
kara

风
rüzgar

春
bahar

秋
sonbahar

夏
yaz

冬
kış

天气预报

hava durumu tahmini

温度计

termometre

阳光

güneş ışığı

云

bulut

雾

sis

潮湿

nem

闪电

şimşek

打雷

gök gürültüsü

风暴

fırtına

冰雹

dolu

季风

muson

洪水

sel

冰

buz

一月

Ocak

二月

Şubat

三月

Mart

四月

Nisan

五月

Mayıs

六月

Haziran

七月

Temmuz

八月

Ağustos

九月
Eylül

十月
Ekim

十一月
Kasım

十二月
Aralık

圆形
daire

正方形
kare

长方形
dikdörtgen

三角形
üçgen

球体
küre

立方体
küp

白
....
beyaz

黄
....
sarı

橙
....
turuncu

粉
....
pembe

红
....
kırmızı

紫
....
mor

蓝
....
mavi

绿
....
yeşil

棕
....
kahverengi

灰
....
gri

黑
....
siyah

很多/少许

çok / az

生气/平静

kızgın / sakin

美/丑

güzel / çirkin

首/尾

başlangıç / son

大/小

büyük / küçük

明/暗

parlak / karanlık

兄弟/姐妹

rkek kardeş / kız kardeş

干净/肮脏

temiz / kirli

完整/缺失

tamam / eksik

白天/晚上

gün / gece

死/生

ölü / canlı

宽/窄

geniş / dar

可食用/非食用

yenilebilir / yenilemez

邪恶/善良

kötü / iyi

兴奋/无聊

heyecanlı / sıkılmış

胖/瘦

şişman / zayıf

第一/最后

ilk / son

朋友/敌人

dost / düşman

满/空

dolu / boş

硬/软

sert / yumuşak

重/轻

ağır / hafif

饿/渴

açlık / susuzluk

生病/健康

hasta / sağlıklı

非法/合法

yasa dışı / yasal

聪明/愚笨

zeki / aptal

左/右

sol / sağ

近/远

yakın / uzak

新/旧

yeni / kullanılmış

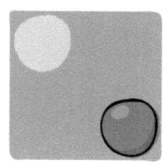

没有/有些

hiçbir şey / bir şey

老/幼

yaşlı / genç

开/关

açma / kapama

打开/合上

açık / kapalı

安静/吵闹

sessiz / gürültülü

富/穷

zengin / fakir

对/错

doğru / yanlış

粗糙/光滑

pürüzlü / düz

伤心/高兴

üzgün / mutlu

短/长

kısa / uzun

慢/快

yavaş / hızlı

湿/干

ıslak / kuru

温暖/凉爽

sıcak / serin

战争/和平

savaş / barış

数字

sayılar

0
零
sıfır

1
一
bir

2
二
iki

3
三
üç

4
四
dört

5
五
beş

6
六
altı

7
七
yedi

8
八
sekiz

9
九
dokuz

10
十
on

11
十一
on bir

12
十二
on iki

13
十三
on üç

14
十四
on dört

15
十五
on beş

16
十六
on altı

17
十七
on yedi

18
十八
on sekiz

19
十九
on dokuz

20
二十
yirmi

100
百
yüz

1.000
千
bin

1.000.000
百万
milyon

英语
İngilizce

美式英语
Amerikan İngilizcesi

普通话
Çince (Mandarin)

印地语
Hintçe

西班牙语
İspanyolca

法语
Fransızca

阿拉伯语
Arapça

俄语
Rusça

葡萄牙语
Portekizce

孟加拉语
Bengalce

德语
Almanca

日语
Japonca

我

ben

你

sen

他/她/它

o

我们

biz

你们

siz

他们

onlar

谁？

kim?

什么？

ne?

怎样？

nasıl?

哪里？

nerede?

什么时候？

ne zaman?

名字

isim

后面

arkasında

里面

içinde

前面

önünde

上方

üzerinde

上面

üstünde

下面

altında

旁边

yanında

中间

arasında

地点

yer